escrito e ilustrado por
zebradaa

coisas
invisíveis
que moram
na minha
cabeça

exercícios criativos
para se olhar de novo

este livro não pertence
a mim, tampouco as
ideias contidas nele

as páginas a seguir
são como uma tela
ainda sem cor

sinta-se livre para
preencher os espaços
vazios como quiser

com palavras soltas
desenhos impulsivos
uma forma abstrata
um rabisco

você pode ir e voltar
quando der vontade
reescrever, apagar,
rasgar, deixar para
outra hora

o importante é
permitir que esses
pensamentos
e sensações
possam ser

visíveis

fora da cabeça

**desmontando as
peças de montar**
p. 9

da memória
p. 31

do corpo
p. 47

dos processos
p. 65

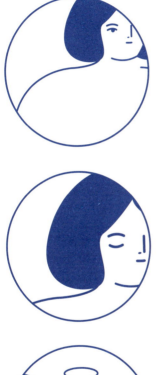

do incompleto
p. 81

dos convívios
p. 95

das experimentações
p. 107

desmontando as
peças de montar

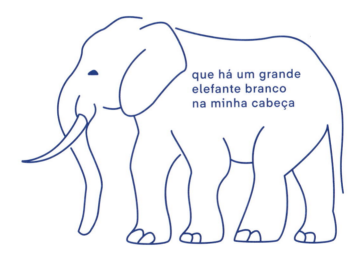

há momentos
em que parece

que há um grande
elefante branco
na minha cabeça

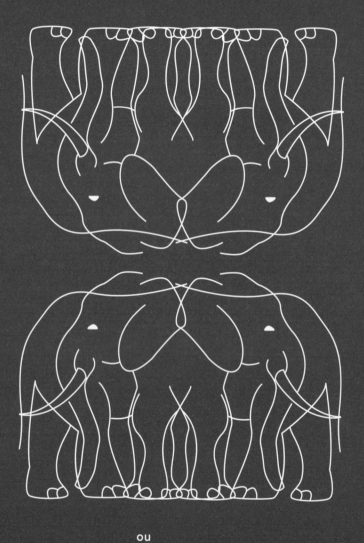

ou
vários
deles

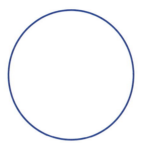

tem horas em que
eu até consigo me
distrair

e parece que eles
não estão mais lá

mas sempre chega
aquele ponto

parece que
tudo vai me
engolir

é forte demais

o choro vem

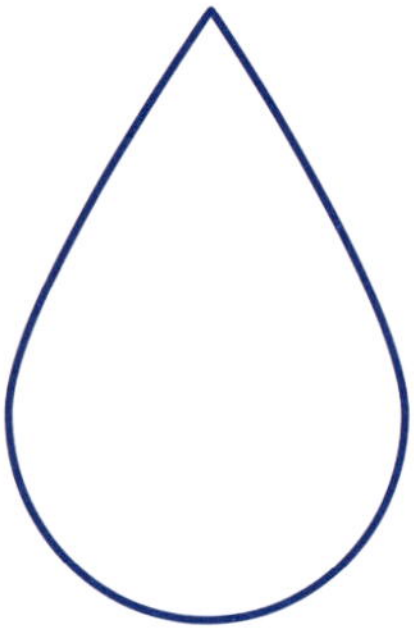

então eu

choro

sinto a
confusão

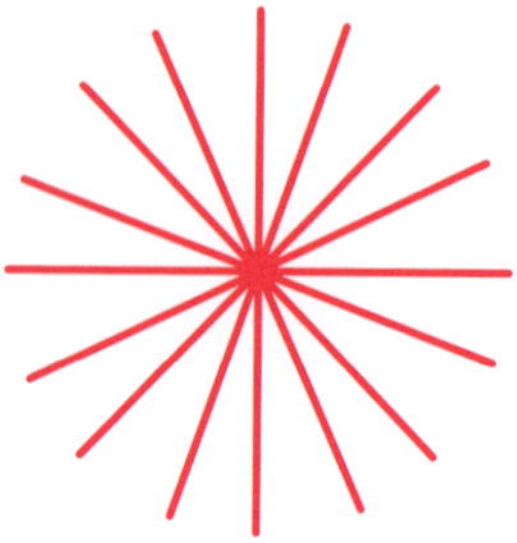

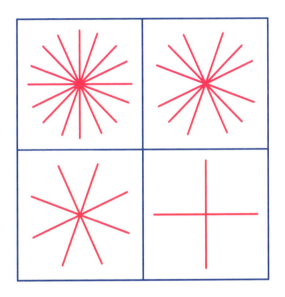

tento fazer com
que isso tenha
algum sentido

uma lógica

uma narrativa

um motivo

porque

a dor é ruim

mas não entender

por que dói é de

paralisar por dentro

e por mais que
conviver com algo
que a gente não
entenda seja
cansativo

ficar tentando
achar respostas

também cansa demais

quando a gente acha que entendeu

aí parece que vira outra coisa

então vem a vontade de ficar no meu canto

tentando deixar que os problemas não fiquem na cabeça

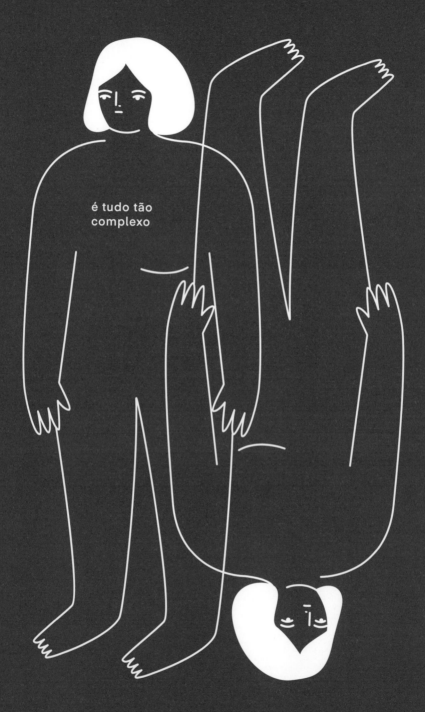

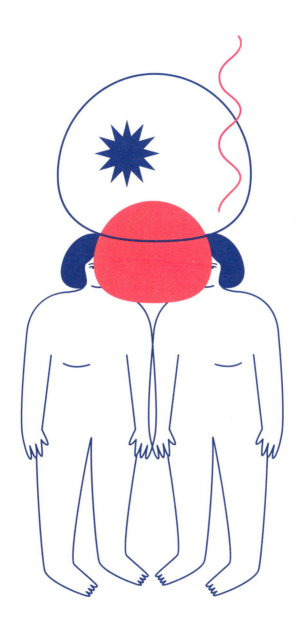

e assim eu pudesse me ver e
ver onde estou de outros modos

para trabalhar

o desconhecido

até ele

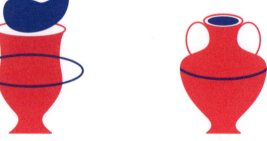
criar forma

da
memória

às vezes me vem
essa sensação

talvez uma
lembrança?

eu sinto como se

aquela abstração
fosse real de novo

é curioso como
algo que já foi

ainda pareça tão
presente

talvez a gente tenha
essa sensação porque
isso tudo

é como
quando a gente escuta
uma música de que
gosta muito

e repete ela várias e

várias e

várias

e várias

vezes

e sentisse como
se fosse criada
uma janela

no

espaço e

tempo

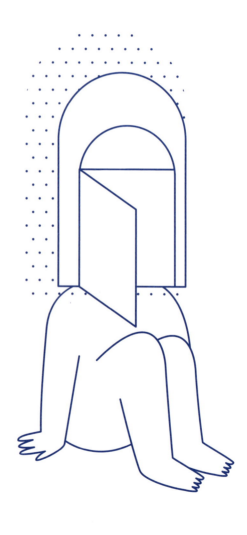

um lugar temporário

e ali pudesse

sentir

o que precisava

sentir

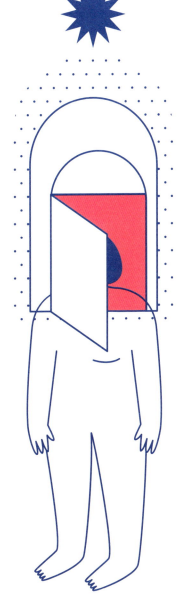

isso também pode
acontecer quando

vejo fotografias
que tirei

e sempre que olho
elas de novo

parece que essas
imagens me contam

algo sobre mim

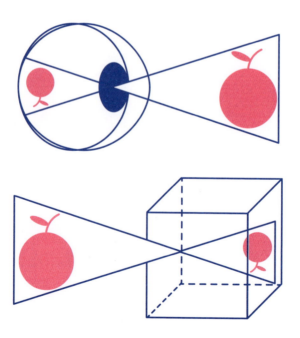

o tema

a composição

as cores

os ângulos

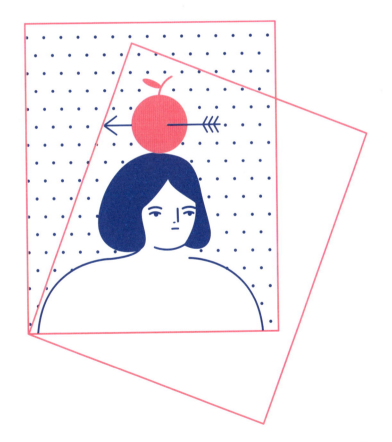

cada aspecto

é uma escolha

mesmo que eu ainda
não tenha criado
consciência
disso

talvez eu pudesse escrever ou
desenhar sobre as memórias
que me vêm agora

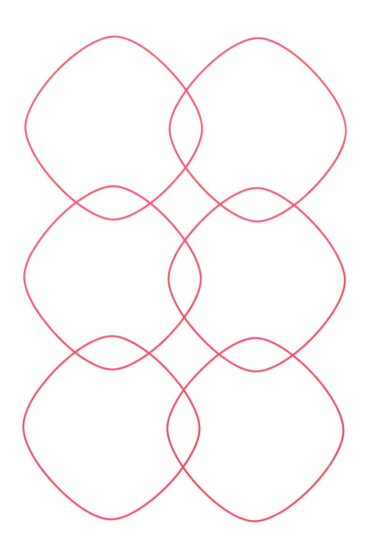

e também as memórias
que aparecerem quando
eu estiver desprevenida

e tentar entender
que sensação cada
uma delas me dá

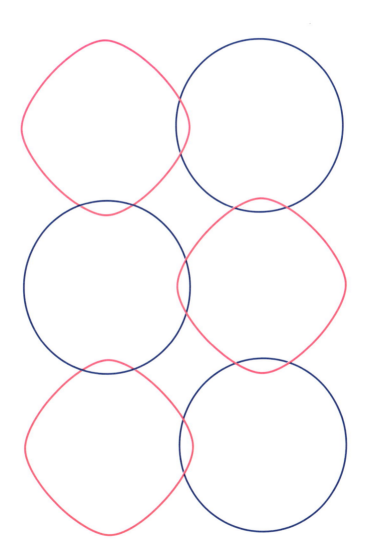

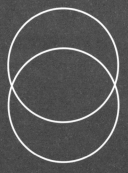

do
corpo

meu corpo é a
minha primeira casa

sei que moro nela
todos os dias

mas não é por isso

que não deixo de sentir

momentos de estranhamento

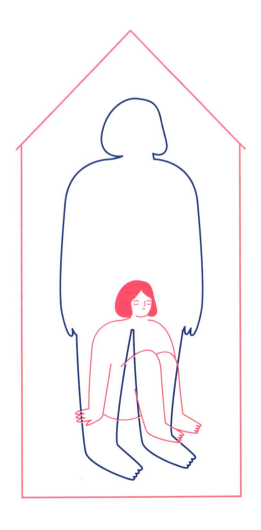

tanta coisa

invisível

também

mora no corpo

como eu me vejo depende
de como eu me entendo

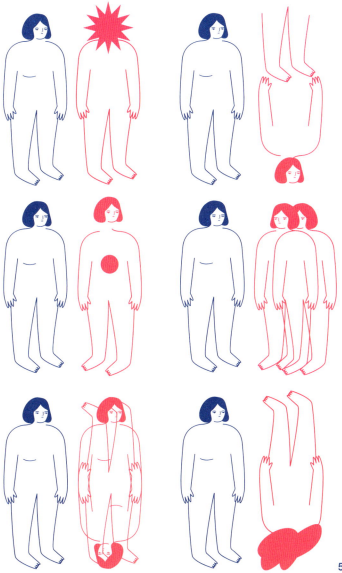

e

das expectativas que

eu crio em relação

às características que
eu tenho

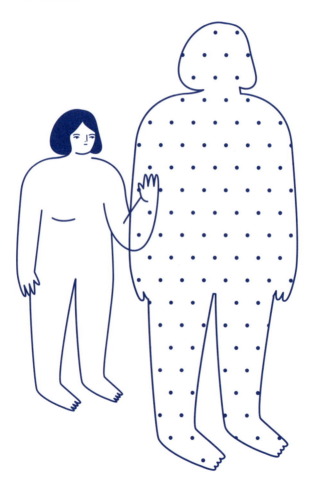

e às características
que eu poderia
ter

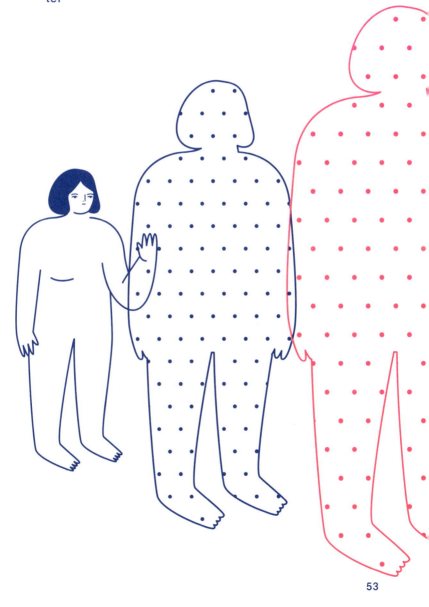

expectativas que
procuro construir
na materialidade

do meu corpo

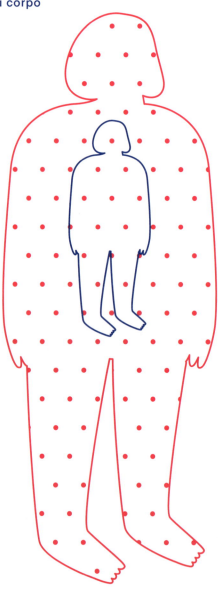

ao tentar buscar
incorporar o que

eu imagino

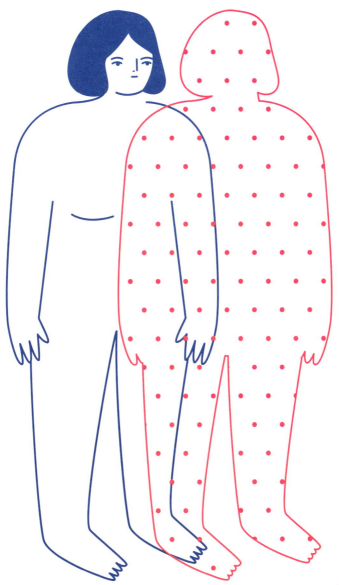

às vezes o resultado não é exatamente o que a gente esperava

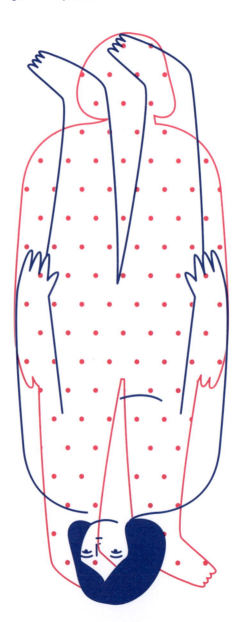

mas também

são tantas sutilezas
que permeiam isso
tudo

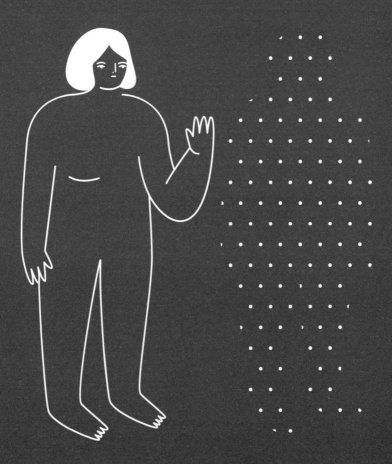

e que não acontecem
automaticamente

de uma hora pra
outra

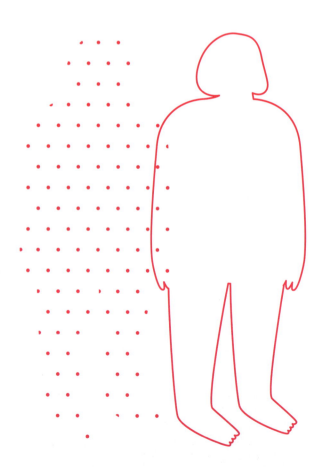

são processos

e mais processos

que definem cada
escolha

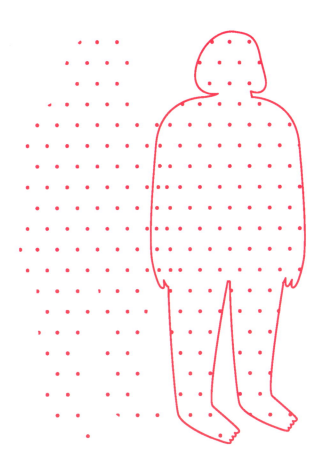

e isso me faz pensar nas escolhas que ando fazendo

no que me motiva a fazê-las

o que também me leva a pensar nas
escolhas que escolho não fazer

por que não as fazer?

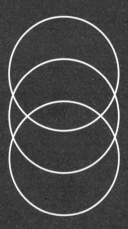

dos
processos

existem

mudanças internas

que talvez nunca ninguém perceba...

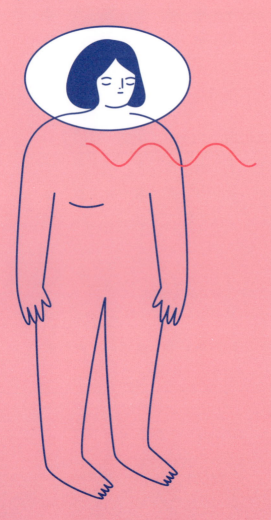

mas, no fundo,

eu sei que elas são
grandes viradas
de chave,

que levaram dias e
mais dias hibernando
ali dentro

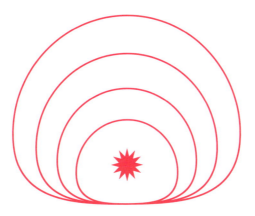

que me fizeram

pensar até não
aguentar mais

que me deixaram por um
bom tempo em uma
sensação de

instabilidade

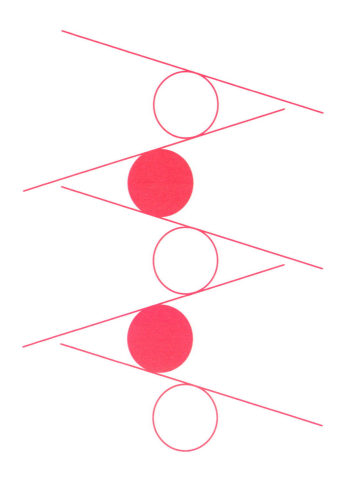

daquelas que dá um
desconforto quase
invisível, mas que

fica sempre por ali

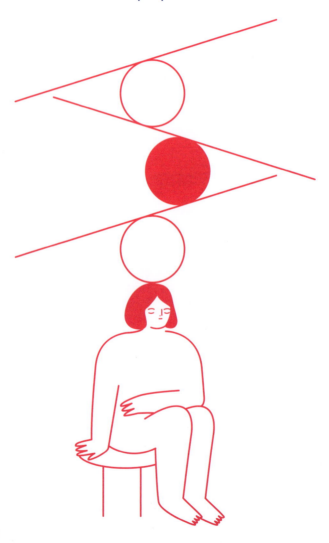

são mudanças silenciosas

que dialogam com
meus bloqueios

expõem as minhas
fragilidades

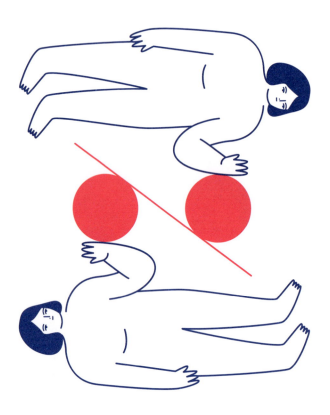

que exigem
diferentes

tempos de

adaptação

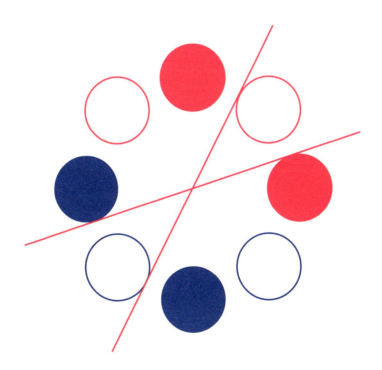

viradas de chave que
podem vir no banho

na hora de dormir

ao tirar a roupa do
varal

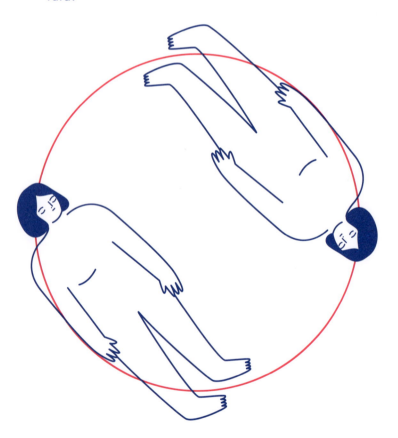

no meio da madrugada

em uma ida ao
mercado

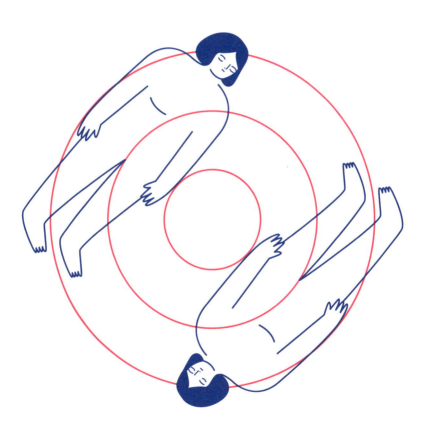

viradas tão 〇 pequenas

quais pequenas viradas

marcam a minha identidade?

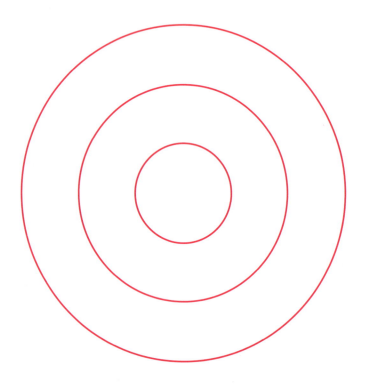

quais pequenas viradas eu sinto que estou experimentando ultimamente?

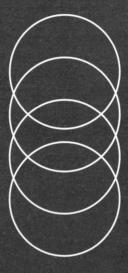

do
incompleto

muitas vezes, na vida, no trabalho e até para nós mesmos,

só aceitamos mostrar algo que fizemos, que construímos, quando sentimos que "está pronto"

que finalmente
conseguimos concluir
aquela linha de
raciocínio

ou quando
resolvemos uma questão
sem aparentar

esforço

mas, se for pensar,
mostrar pro mundo o que
chamam de incompleto

é tão importante

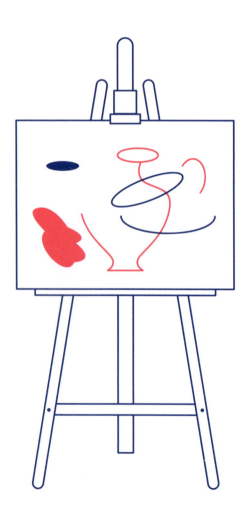

o incompleto
aceita

a imprecisão

a dúvida

o experimento

a tentativa

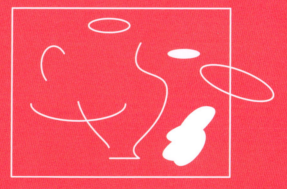

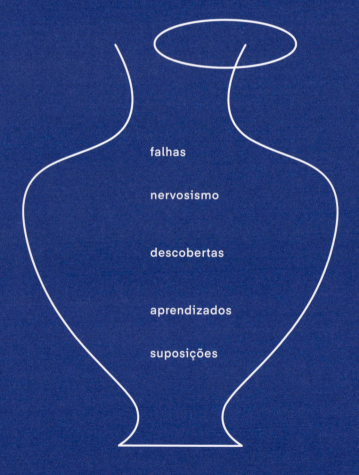

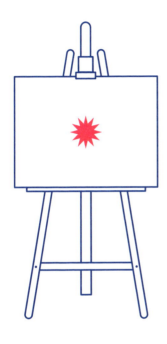

desmistifica que algo possa ter acontecido como "num passe de mágica"

o incompleto deixa

exposto que essa

mágica não existe

e que talvez eu só
insista em acreditar

nessa ilusão

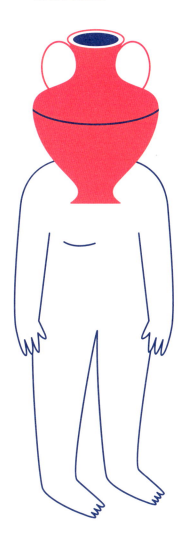

para esquecer um pouco
que eu nunca vou

ter completo

controle

ou certeza

das coisas

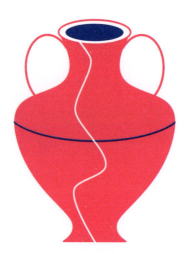

tentativa erro

tentativa erro

tentativa erro

tentativa erro

tentativa erro

tentativa erro

talvez

um acerto

e assim

com novos processos

novas respostas

que podem mudar em

algum momento

deixando exposta

mais uma vez

a permanência do
incompleto

dos
convívios

eu costumava pensar
que se "autoconhecer"

era como subir uma
escada

fazer uma jornada de um
ponto a outro

e, no final,

achar respostas

muitos filmes e histórias
me convenceram disso

e, nessa lógica,

as outras pessoas que
participavam dessa
jornada eram
colocadas como

secundárias

coadjuvantes

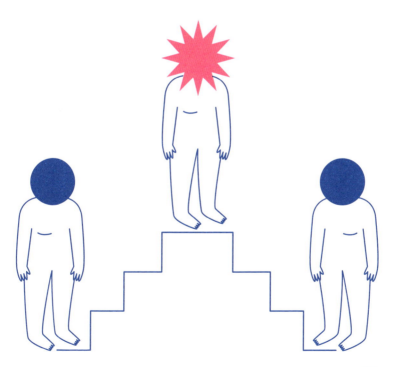

porém

não é engraçado pensar
como na vida

é exatamente nos convívios
com as outras pessoas que

criamos as nossas memórias

temos referências sobre a
diversidade de nossos corpos

conseguimos desenvolver
nossos processos?

assim como nós
também participamos

das memórias

das referências

e dos processos

das outras
pessoas?

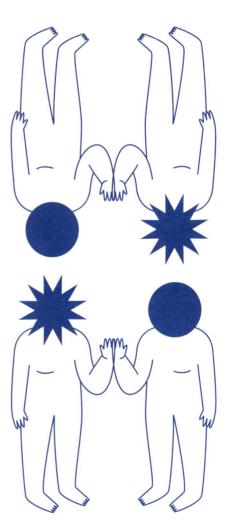

nos fazemos nos encontros

e nas afinidades

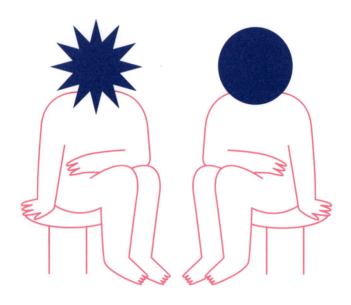

assim como nos desencontros

e nos estranhamentos

são processos

materiais

simbólicos

que se constituem na
materialidade que
habitamos

**a gente se colide e
se constrói nas trocas**

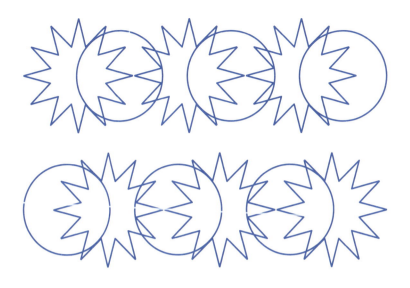

contínua e
incontrolavelmente

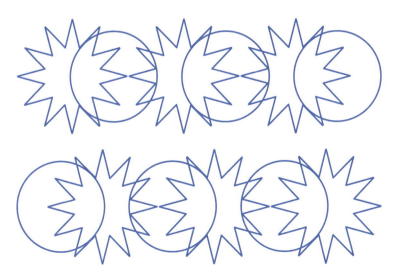

então,
com
quais
trocas

eu
venho
convivendo?

das
experimentações

no meio
de tantas
peças de
montar

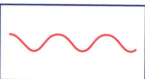

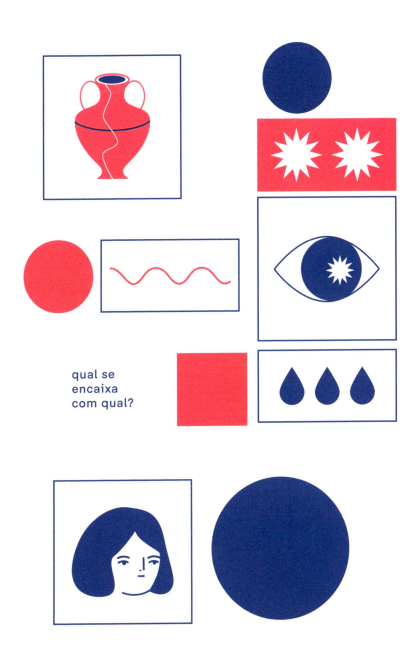

na hora de juntar
uma peça na outra,
parece que algumas
ficam de fora ou
ficam com um
encaixe estranho

não sei

sinto que fico tentando descobrir o
que quero fazer apesar de

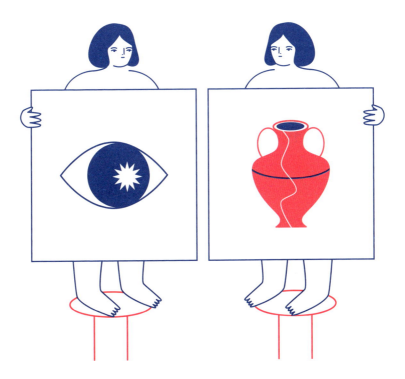

às vezes não entender o que estou fazendo

nessas horas de confusão eu tenho
vontade de deixar todas as peças
jogadas pelo chão ou enfiar tudo
numa caixa lá no fundo do armário

e isso vem de eu não querer sofrer
de novo

da vergonha de não ter o que mostrar

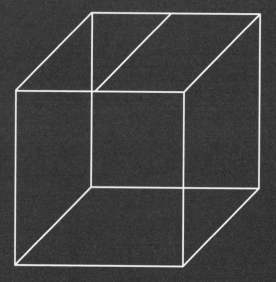

nessas de achar que
todo esse processo é
ridículo

eu esqueço que

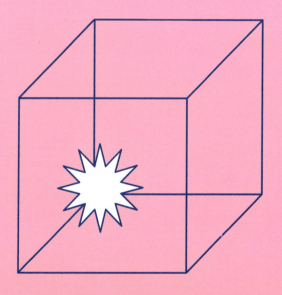

posso experimentar como e

quantas vezes eu quiser

é na experimentação

que está a graça

me proponho

novas sugestões

até porque

mesmo que eu
insista em
demorar

ou

fingir que as
peças
não estão lá

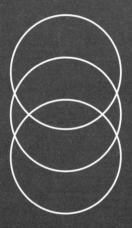

isso não
vai fazer
com que
elas

deixem de

existir

as coisas invisíveis que moram na nossa cabeça nem sempre têm nome, cor ou forma. nas próximas páginas, compartilhe – da maneira que vier – todas as emoções que este livro despertou em você.

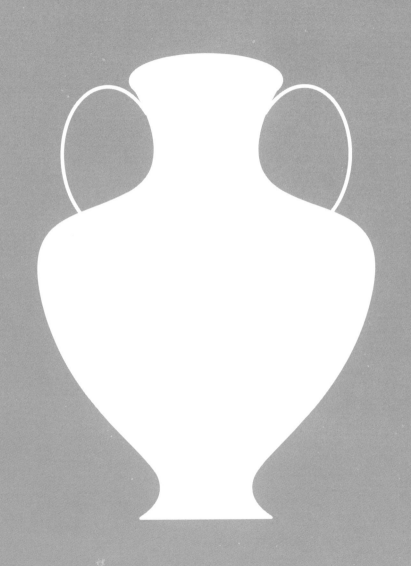

desde 2019, a ilustração e o texto são meu suporte e meio de comunicação no processo de aprendizado e entendimento como uma pessoa neurodivergente.

começar a compor este livro foi um modo de olhar novamente para tudo o que já pensei até agora e tentar reorganizar as partes.

ao longo desse trajeto, percebi que só sou quem sou por causa de quem aceita andar comigo mesmo quando tudo parece não fazer sentido.

e, por isso, sou muito grata.

Fernanda Bornancin (ZEBRADAA)

Copyright © Fernanda Bornancin, 2024
Copyright © Editora Planeta do Brasil, 2024
Todos os direitos reservados.

Revisão: Bernardo Machado, Fernanda Simões Lopes,
Tamiris Sene e Thiago Fraga
Capa e Ilustrações de capa e miolo: Fernanda Bornancin
Diagramação: Fernanda Bornancin e Renata Spolidoro

Dados Internacionais de Catalogação na Publicação (CIP)
Angélica Ilacqua CRB-8/7057

Zebradaa
  Coisas invisíveis que moram na minha cabeça / Zebradaa. - São Paulo : Planeta do Brasil, 2023.
  128 p.

  ISBN 978-85-422-2502-0

  1. Desenvolvimento pessoal 2. Emoções 3. Tristeza I. Título

23-6528   CDD 158.1

Índice para catálogo sistemático:
1. Desenvolvimento pessoal

Ao escolher este livro, você está apoiando o manejo responsável das florestas do mundo

Este livro foi composto em Eina
e impresso pela Gráfica Santa Marta
para a Editora Planeta do Brasil
em janeiro de 2024.

2024
Todos os direitos desta edição reservados à
Editora Planeta do Brasil Ltda.
Rua Bela Cintra, 986 – 4º andar
01415-002 – Consolação – São Paulo-SP
www.planetadelivros.com.br
faleconosco@editoraplaneta.com.br

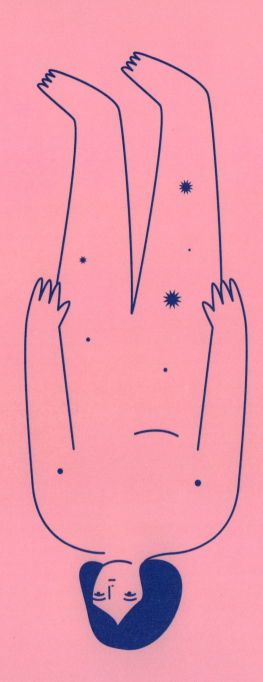